DESTELLOS DEL ALMA

CARLOS MEDINA

Traducido por:

CASANDRA ROJAS

Book Cover: Nour Tohamy

ABOUT THE AUTHOR

Carlos Medina nació y se crio en el Bronx, Nueva York. Es reconocido en su mayoría por compartir su talento en Instagram y Facebook. Comenzó a escribir hace tres años, luego de su divorcio de un matrimonio de 5 años. Al compartir su dolor y sanación logro cautivar a sus lectores con sus palabras, ya que su mensaje contiene una gran cantidad de experiencias de una variedad de facetas en la vida y esa es su habilidad de mostrarte la vulnerabilidad de tu alma a través de sus palabras. Viajando a través de las grietas para reclusas de tu mente, explorando los pasajes de tu corazón lograras explorar las profundidades de tu alma y experimentar memorias de manera que jamás lo has logrado hacer.

LISTA DE RECONOCIMIENTOS

Un reconocimiento especial para todas esas personas que me han apoyado desde el principio y a través de mi recorrido. Estoy agradecido por cada lección que me ha regalado la vida. No estaría presente aquí hoy en día si no fuera por cada una. Gracias Casandra Rojas por traducir mis palabras y pensamientos a un lenguage tan precioso. Algo que no muchos pueden hacer, usted lo ha logrado tanto como compartió genuinamente el sentimiento exteriorizado. Un verdadero regalo. Definitivamente usted es un alma única tanto como preciada. Un inmenso sentimiento de gratitud hacia mis padres, en especial por motivare para seguir adelante. A todas las personas que me apoyan a diario. Este es el comienzo de un hermoso viaje. Gracias a todos. Aquí están mis destellos... del alma.

Sus ojos eran como chispas de agua bendita,
quemando lo profundo de mi alma.

Cierra tus ojos y desplaza tu mente...
siente mis palabras tocando tu corazón,
permítele a mi alma construir el universo
que deseas llamar hogar.

Déjate intoxicar de mi pasión,
déjame robarte la respiración.
entrégame tu corazón y yo prometo,
entregarte todo lo que soy.
Deja que repare lo fracturado,
y abriré las puertas para ti.

Personalice cada pedazo de mi corazón,
en preparación para el viaje
que mi alma estaba por tomar.

Como almas hermosas que somos, necesitamos tomar el control de nuestros pensamientos y sentimientos.

Con demasiada frecuencia damos más de lo que debemos y entiendo por qué hacemos esto.

Ya que tenemos tanto amor acumulado por dentro que lo queremos repartir. Nos envolvemos aceleradamente pensando que podemos ser la media naranja de esa persona. Luego progresa el tiempo y uno se percata de que las cosas no van como uno deseaba y sé que muy adentro tu sientes que esa persona es la indicada. Compartes tanto con esa persona y comienzas a ser tan vulnerable con ellos que en verdad deseas estar en su presencia.

De noche comienzas a imaginar todas las posibilidades de estar juntos, tanto, que crees poder sentir su espíritu a tu lado. Solo ten en mente que esto debe ser mutuo y si el otro no te demuestra el mismo amor, interés o afecto... entonces es tiempo de detenerse un momento y darse cuenta de que uno saldrá herido.

Dos almas verdaderamente enamoradas derrumban barreras.

El amor se siente por dentro, es poderoso y puro. No es un juego.

Su amor jamás tuvo precio.
Solo exigía amor, honestidad e integridad
en su más pura ostentación.

Cerré mis ojos y toqué su corazón. Las palabras jamás describirán el sentimiento,

pues es algo que la mente no está preparada para entender... al menos que cierres los ojos y platiques con esa persona.

Entonces habrás logrado hablar el idioma de una fuerza mayor, desconocida para la humanidad.

Mientras el tiempo progresaba, yo me di cuenta de que
mi alma se había vuelto extremadamente poderosa.
He intentado restringir tantas cosas de mi pero
en realidad...
mi amor es una copia carbón exacta de ti.

Sucumbir mi mente fue lo más difícil, pero fue la única manera de permitir que mi alma tomara el control.

Aquellos que intentan herirte, son los que han sido heridos muchas veces con anterioridad... y sinceramente ellos no conocen otra cosa mejor. Los que vienen solo con la intención de seducirte lo hacen solo por placer. Ten presente que ellos solo buscan alimentar sus egos. Se precavido con tus emociones y sentimientos, te apagaras y dolerá... te lo aseguro. Aquellos que vienen a amarte comprenden perfectamente lo que es dolor. Pues han sido heridos, seducidos y amados. Ellos han sufrido más de lo que imaginas. Han reprimido ese amor desmesurado, que si te lo ofrecieran, sentirías todo ese amor desbordándose. Entiende que la única manera para ellos demostrar que te aman es confiando en ti. Al adquirir esa confianza has logrado abrir las puertas de su alma. Esas son las almas extraordinarias que caminan entre nosotros. Los vemos a diario. Son los de los ojos profundos. Que con una simple mirada comienzas a ver su vida proyectarse frente a ti. Son conocidas como almas viejas o ángeles rotos. Para mí, son almas gemelas vagando por el mundo en búsqueda de su otra mitad.

No todas las personas con las que topas en la
vida tendrán las mismas intenciones que tú.
Algunos intentarán herirte, otros intentarán
seducirte,
pero solo unos pocos vendrán para amarte.

Casi siempre nosotros las almas rotas cometemos un error común. Nos enamoramos rápido. Nos enamoramos de otros en un pestañar de ojos.

¿Por qué? pues hemos atravesado por tanto en la vida que morimos por amar... pero olvidamos que primero hay que enamorarse del alma. Cometemos el error de crear estas emociones por los otros. Como hemos sufrido, no queremos herirlos. Creamos la ilusión de que esas personas nos necesitan en sus vidas, más la realidad es que no hay nada que podamos hacer. No podemos obligar al otro a sentir como nosotros, aunque tu intuición diga que es la persona indicada. Si no recibes la misma pasión que estás dedicando... es tiempo de pasar la página. Si, lo sé, dolerá y punzará tu corazón. Pero, créeme es mejor apartarse y sentir un poco de dolor antes que seguir forzando algo que jamás obtendrás ni podrás compartir con ellos. Hoy es el día que debes detenerte y observar todo lo que has construido. Mira todo el esfuerzo que has dado. ¿Y pregúntate tendrá sentido? Claro, pensarás que si... pero seamos realistas. ¿Crees en verdad que podrán evolucionar? ¿Comparten tú y esa persona la misma visión de las cosas? Si no, entonces es momento de analizar de nuevo tu posición. El amor es una avenida de dos sentidos, no una calle en un solo sentido.

En el momento en que se encuentren y se vean fijamente.
Sus almas se encenderán. Así es como el encuentro de almas
gemelas comienza.

Vivimos a través de la fe, tenemos la esperanza de que algún día nos toparemos con nuestra alma gemela. Que en algún lugar del mundo esta esa persona hecha para nosotros. Buscamos constantemente ese amor incondicional. Buscamos ese amor puro. Deseamos tener esa alma a nuestro lado. Ese ser que verá nuestras imperfecciones como parte nuestra y nos comprenderá. Él/ella podrá detener el tiempo solo para estar a nuestro lado. Estas almas traen un regalo especial. Permitirán que te veas en sus ojos. Y comenzaras a sentirte amado y deseado. A tu corazón se le escaparan los latidos ya que no podrá explicar lo que siente. Ellos tienen la capacidad de hacer realidad tus fantasías y sueños realidad. Comprende que te volverás parte de su naturaleza. Y lo que en ellos ves, es tu futuro sucediendo.

En las horas más oscuras de la noche cuando mi ser está presente en tus pensamientos, y tu imaginación corre a su libre alberdrio. Comprende, que yo también lo siento. No es el deseo de nuestras almas, sino el temor de no lograr pronosticar el desenlace lo que mantiene nuestros corazones separados.

Ella solo quería ser amada. Como ella ama.

Jamás te vi como algo temporal. Cuando te vi, genuinamente creí en algo mágico.

Quizás fue tu amor escondido lo que incito a mi alma a buscarte... pero con el tiempo finalmente entendí que la realidad es, sencillamente me enseñaste la lección más grande que un hombre puede aprender. Siendo el poder de liberar mi alma ante el mundo.

Es difícil, lo sé.
Las memorias especiales, el tiempo pasado...
solo recuerda que hiciste todo lo que pudiste y es tiempo de seguir
adelante.

Es mi necesidad de encontrarte.
Me estoy volviendo adicto a tu mente.
Dentro de mi encontrarás un hogar para tu alma.
Deja atrás tus sentimientos y permite que descanse tu corazón.

Cuando mi alma se manifieste ante ti, permíteselo... déjalo sentir. Aprécialo. Sobre todo, adóralo. Las cosas que te dice no las ha escuchado más nadie y están hechas a la medida de tus sentidos.

A diario te miraba en mis sueños.
Visualice tu alma cerca de la mía.
Anhelaba constantemente lograr saborear tu amor.
Ven, toma mi mano, bienvenida a mi realidad.

Ella ama la poesía. Fantasea a diario sobre su futuro amor. Ella siente su vibra en el aire que respira y se está volviendo adictivo. Ella puede sentir que de seguro se aproxima el momento en que sus ojos se encontraran. Está al tanto de su aliciente mirada y la forma que su pasión se desborda de su alma, eso no le preocupa para nada. Su mayor preocupación es si puede mantener su palabra y no terminar como los demás

Ella no estaba interesada en solo un encuentro casual. Ella buscaba algo con más significado. No le interesaba tu apariencia. Le importaba más como se veían tus sentimientos. No quería su alma manchada de manos sucias. Ella deseaba alguien real. Con poderes internos. Con magia que lograra penetrar lo profundo de su alma, olvida estimular su mente. Anhelaba su espíritu estimulado por tu alma.

Tiene la belleza genuina. De la que te hace creer aun cuando no entiendes.

Cuéntame sobre tu dolor. Dime tus secretos. Deja que me siente aquí y los absorba todos. Prometo no dejar que los traspases sola. Juntos entraremos en una simbiosis eterna.

Un día sin ti seria como un año. Dios, lo que daría por pasar 10 años a tu lado.

Eso no tiene precio.

La presioné contra la pared. Presione mis labios en su cuello. Susurrando todas esas palabras mágicas en su oído. Abrió los ojos y me mostró la colisión de dos almas enamoradas.

Formule toda una orquesta de puras silabas en búsqueda de tu alma.

Finalmente, mi alma era libre. Deslizándose por la noche, la vi... Acostada en cama empapando su almohada. Toque su alma para lograr sentir sus emociones. Su cabello cubría su rostro, lo acomode tras su oreja. Tantas lagrimas silenciadas, no pude sino besarlas para que se detuvieran. Sintiendo mis latidos tan cerca de los suyos ella supo que nada en este planeta pudiera detener esta fuerza tan poderosa.

Mientras cierro los ojos, me concentro en ti. Me vuelvo parte de ti. Los sentimientos se vuelven vividos. Tus memorias aún frescas en mi mente. Tu dolor del pasado cortando mi corazón con su hojilla filosa, pero el amor que tienes aún se desborda como lluvia esparciéndose dentro de mi alma.

Cuando la niebla se desvanezca, veraz la luz... comprenderás porqué tuviste que andar en la oscuridad tanto tiempo.

Ten paciencia y espera. Espera por mí. Aguanta esas lágrimas solo un poco más. Yo te prometo besar cada una hasta que desaparezca. Solo por favor entiende que esta parte del viaje la debes hacer sola y si no logras tolerar la presión del tiempo. No te preocupes. Entenderé. Para siempre apreciare los momentos que nuestras almas interactuaron en sincronía la una con la otra.

Y aun después de todo el dolor. He logrado elevar mi alma y mostrar cuanto amor en él se resguarda.

Cuando amo... amo los defectos, imperfecciones, cicatrices, trozos de corazón roto, pensamientos de locura y alma rota. Cuando amo, adoro completamente. Sabiendo completamente que debajo de todas las capas hay una mina de oro escondida en tu alma.

Y si por una vez, solo una vez, pudiera tenerte en mis brazos. Sería la manera de mostrarte la seguridad que has anhelado todo este tiempo y si fuese esta la primera y última vez, solo mira mis ojos, y observa todo lo que llevo dentro por ti. Si no sientes lo mismo que yo, prometo despedirme con el más hermoso adiós.

No me di por vencido. Solo me aleje de toda la basura que llevabas escondida en tu alma.

¿A veces nos preguntamos el por qué? para que tuvimos que pasar por todo ese dolor en el pasado. La respuesta está en que, a través de superar ese dolor, aprendemos. Logramos sobrevivir, sentir, entender, apreciar, y dominar el amor propio. Sobre todo, APRENDEMOS A VIVIR.

Los separaba miles de kilómetros. Puntos de vista los separaba. Creencias los distanciaba. Los pensamientos los apartaba. La indecisión los aislaba. Cuando es amor verdadero... Nada se interpondrá entre dos almas.

Estoy rompiendo con toda tradición en búsqueda de tu alma.

Ella no necesitaba alguien que la ayudara a través de todo. Solo anhelaba que alguien quisiera estar a su lado a pesar de todo.

Alguien adornara tu corazón. Ellos harán manifestar ese amor que tienes resguardado. Te harán salir de ese caparazón donde te has escondido. Por primera vez en la vida entenderás que hay un alma que puede amarte con todo lo que posee.

Ella traspaso mi imaginación de maneras que nadie había logrado hacer. Le di acceso a mi alma sabiendo que para la eternidad lo puede reclamar como suyo.

Si te diera mi corazón... ¿Te atreverías a reclamar mi alma?

Entiende, estoy aquí para ti. He escuchado tu alma cada noche y sentido su presencia en lo profundo de mi ser. Fui yo quien susurro esas palabras angelicales en tu oído para que pudieras saborear una muestra de lo desconocido. Dicen que el tiempo y la distancia pueden separar a dos almas, pero fallaron mencionar que el tiempo y la distancia puede fortalecer a dos almas poderosas.

Mientras tus pensamientos dispersan dolor a través de las recamaras de tu mente, solo entra en frecuencia con mi corazón y siente mi alma venir a congregarlo todo.

Deja que te haga el amor mientras la noche es temprana... o mejor deja que suenen las campanas de medianoche, así el lobo que llevo dentro pueda salir y aullarle a tu alma.

Nos ahogamos en la profundidad de nuestras almas como si no hubiese salvavidas. Sabíamos que no podía ser tentado por nuestro pasado así que nos sentimos únicos sabiendo que éramos los primeros y capaz los únicos en sumergirse.

Regrese de la muerte solo por ti. Escuche tu alma llamándome en el medio de la noche por mucho rato. Necesitaba destruir esa antigua versión de mí, ya que no era la correcta para ti. Esa parte de mí era solo una ilusión... ahora esta es mi versión verdadera. Construida con poderes desconocidos para guiarte y apoyarte hacia el futuro. Solo cierra los ojos, toma mi mano y permíteme elevar el alma que tienes por dentro a un lugar donde jamás morirá.

Ella encendía el fuego interno de todo el que la veía.

Ella anhelaba.
Deseaba conocer todos los secretos que escondía su mente adicta.
Ella quería explorar las pasiones que él lleva dentro.
Necesitaba atención, afecto y amor. En los que miro a mis ojos
supo que mi alma sería su hogar

Qué experiencia tan única cuando alguien te permite ver su belleza interna en su absoluta naturaleza. Un sentimiento que es difícil describir. El punto de vista que tienen de la vida es admirable. Cuando la apariencia es traspasada.

Cuando sus defectos dejan de ser defectuosos.

Cuando sus imperfecciones se vuelven perfectas...

Cuando sus ojos te permiten ver su alma solo hasta cierto punto.

Tienes permiso de ver la pureza que llevan por dentro una pureza que es única y especial pero el corazón tiene su propio candado.

Es un candado que lleva tanto por dentro. Contiene dolor, sufrimiento, traición y la confianza... aun así sobre todo lo mencionado contiene AMOR.

Contiene el amor que ellos desean entregar algún día, pero no a cualquier persona.

Resguardan ese amor como en un refugio para entregárselo a la persona indicada. Es difícil. Es difícil por la simple razón de no querer volver a herir. No desean ver sus sueños fracturados. Quiere lograr encontrar a la persona indicada. No perfecta como la humanidad la supone sino perfecta del alma. Perfecto de tal manera que sus vidas se complementan. Dicho ser estará en las buenas y en las malas. Hará un compromiso. Por encima de todo este ser los amara de la manera honesta que anhelan. Un amor semejante a llamas desbordándose del pecho. Solo con la chispa de un intercambio de miradas su futuro comenzará a develarse.

Encontrarte jamás fue mi intención.
Era mi alma en búsqueda de la tuya.

Incitare tu mente de tal forma que tu alma sentirá mi presencia.
Confía en la dirección de tu compás interno.
Cree en esta conexión espiritual que tenemos.
Permite que nuestras mentes se eleven a lo desconocido.
Tu alma me ha encontrado y no tengo ninguna intención
de dejarla ir.

Prometo entenderte, tenerte en mis brazos y jamás dejarte ir. Sostener tu corazón y todos sus pedazos. Cuando te sientas débil estaré contigo para elevarte. Cuando sientas que no puedes más estaré contigo y te recordare de todas las cosas positivas que has logrado. Juntos concebiremos para las generaciones que seguirán nuestros pasos.

Estuviste en los tiempos más difíciles.
Elevaste mi espíritu en los días más preocupantes.
Tus ojos sobrepasaron las apariencias.
Tus manos traspasaron mi cuerpo, tocaron mi alma,
y la reclamaron como tuya.

Jamás importará la distancia, tiempo, edad o pasado. Cuando dos almas antiguas se encuentran... el fuego interno será encendido en ambas. Sus almas se hablarán en maneras que nuestras mentes no pueden entender aún. Sueños y corazones rotos sólo son peldaños para estas almas cuando ya reunidas. Sus emociones el uno por el otro son mejor descritas como fuegos artificiales sucediendo por dentro. Mientras el tiempo pasa el fuego solo es potenciado.

Encuéntrame a mitad del camino, y obsérvame cruzar las líneas que dividen nuestras almas.

De noche cuando te sientas solo y tus pensamientos te devoran vivo. Solo cierra tus ojos, siente mis brazos rodeando tu cintura. Escucha mi voz susurrándote al oído y comprende que mi alma te acompaña.

Vivimos en un cuento de hadas mega-romántico,
donde el azar golpea nuestras vidas a diario.

Aunque su corazón está hecho de titanio, el miraba directo a través de ella. Él sabía que era un reto, pero él entendía que ella lo valía, para pasar la eternidad juntos.

Permíteme garabatear en tu corazón el arte, porque yo sé que, al terminar, tu alma creará con él una obra maestra poética.

En la vida, uno gana y pierde en el amor, más siempre vamos a encontrar a esa persona que nos purificará el corazón y nos deshacerá del dolor pasado. Abrirá nuestros ojos a la magia. Tendrá la habilidad de penetrar en lo más profundo de nuestra alma, y eso…. asusta. Nos asusta porque nunca pensamos que este tipo de persona existía en el mundo. Leemos sobre ellos, escuchamos sobre ellos, pero…. nunca vimos o sentimos a unos de cerca. Llegan posando su alma sobre las nuestras. Manifiestan su amor y pasión y nos dejan sin habla. La mayoría de las veces, los miramos y nos preguntamos, ¿dónde carajo ha estado esta persona toda mi vida? A veces llegan y se enamoran de nosotros, asustándonos. ¿Nos escondemos y nos preguntamos Por qué yo? No nos lo podemos creer. A veces, solo vienen para ayudarnos a sanar el pasado. Estos individuos son guerreros ancestros que han viajado por muchas almas en busca de sus almas gemelas. Han peleado muchas batallas en sus vidas. Conocen el dolor y el sufrimiento. Pero una cosa si es segura. Ellos las han ganado todas y se han convertido en guerreros de esto que llamamos vida. Si un guerrero de estos se cruzara en tu camino, sostenlo y no lo dejes ir, pues ira a cualquier batalla por ti. ¡Y créeme… la ganara!

Y con el tiempo lograras entender el porqué de la demora del viaje. Comenzaras a ver las cosas de manera distinta. Sentirás distinto. Ya no será útil la búsqueda de momentos placenteros. Comenzaras a ver en la profundidad del otro. Y no será una atracción física, será un llamado del alma. Y no habrá palabras hermosas, sino silencios que tocaran tu alma.

Nos encontramos en el lugar más hermoso. En un lugar donde el amor es eterno y el dolor jamás existió. Donde los deseos se manifiestan y todo sera encantado.

Tuve que quemar muchos cartuchos, perder amigos y ganar muchos enemigos. Acabar conmigo mismo tantas veces. Para encontrar mi verdadero yo después de tantos intentos, y lo volvería a hacer todo de nuevo, sin que me quede nada por dentro.

Cuando finalmente encuentres esa alma que te amará genuinamente será algo espectacular. Palabras jamás lograran describir la sensación, pero tu alma se alumbrará. Sentirás algo por dentro que jamás habías sentido. Ellos llegarán con calma y recuerda que tendrán el poder de destruir todo el dolor del pasado. Será como una fuerza magnética atrayéndote a ellos.

Intentaras todo lo posible resistirlo... el miedo de lo desconocido será intenso... pero la realidad es algo que esta fuera de tu control, las huellas que este ser está dejando en tu alma son los pasos por seguir hacia el futuro que has visualizado desde la infancia.

Ella es visionaria.
Lista para afrontar al mundo.
Su alma es uno de lo más puros que encontraras

Apaga la luz esta noche haremos el amor de una manera desconocida a la humanidad.

Entiendo lo que sientes y lo que ha sido tu pasado. Antes de conocernos, yo podía sentir tu vida corriendo por mis venas. En tus ojos, vi el pasado, pero lo más hermoso que miré fue tu alma. No como el mundo la describe, sino en la manera que un alma llena de empatía solo puede. Es la manera que logre entrar en frecuencia con tu alma. Sentir el dolor fue difícil, pero sentir la pureza de tu alma, lo valió todo. A través de mi vida entera dude de la existencia de almas como el tuyo... pero aquí estoy, sabiendo que el todopoderoso me permitió sentir tu alma en un mundo tan cínico.

Cuando conoces las profundidades de tu ser, te vuelves un creyente en la poderosa fuerza suprema, mágica e imparable fuerza reconocida como el AMOR.

Estudiar es una obsesión.
Analizarme, una adicción
Corromper mi mente…
Imposible.

En la profundidad de mis palabras
Hallaras mi alma.

¿Como sé que es amor verdadero? Cuando mi corazón logra derramar su amor.

Descended tu mente al otro lado. Siente la presencia de lo desconocido. Ambos sabemos que este cuento de hadas puede ser transformado en realidad... en un lugar donde los cuerpos se vuelven ceniza, las almas se juntan y nuestra pasión es eterna.

Entonces, te encontré... entre tantos ojos que observe y almas que toque, te encontré a ti. Millones de susurros que escuche a diario, pero solo tus gritos silenciosos lograron seducir mis sentidos.

Para muchos ella era un caos, aun así, para mi ella era una estrella fugaz que muchos deseaban alcanzar. No era una mujer común, como todos deseaban era una mujer ruda a la cual muchos temían acercarse... todo sobre ella me atraía aún más, deseaba estudiar cada aspecto de ella... en mis ojos era cristalina.

Sus ojos contienen mensajes subliminales a innumerables historias sin contar.

Nos comunicamos por debajo de los límites de los sentidos. Era la única manera que nuestras almas se podían comunicar.

Saboreábamos las palabras el uno del otro antes de recitar alguna.
Vivíamos en los pensamientos del otro sin aún concebirlos. Nos
sujetabamos de nuestra fe reconociendo que había una conexión
entre nuestras almas y aunque el deseo aumentaba mientras los días
pasaban, esperamos el día que el destino cumpliera su propósito.

Su corazón es una obra maestra. No le pertenece a nadie, solo fue creado por la gran fuerza magnífica de lo desconocido.

Nadie logra entender la obra maestra que ella creó con sus trozos rotos. No cambió para nada, solo se convirtió en la mujer que siempre soñó. Después de todo el dolor se encontró a sí misma. Encontró la belleza que tanto estaba escondida.

Nadie jamás sentirá su dolor. Ella ha triunfado demasiadas batallas en su interior. Sus cicatrices son muestra de que nada la puede detener.

Oculte el sol con mi corazón solo para ver el brillo en tus ojos.
Alinee las estrellas solo para deletrear en el cielo lo que mi alma ha
intentado decir por tanto tiempo, y si aún no entiendes que soy
solo un pequeño niño tímido, formare castillos de arena... solo para
que sientas que dentro de mi esta tu hogar.

Cuando la acaricies... asegúrate de que su alma baile al ritmo de tu amor.

Dos almas creyentes en el poder del amor, dudando de la realidad que puede manifestarse. Temiendo lo que el futuro podría traer, pero anhelando más aún conocer lo desconocido de su destino.

Era la briza que sentía en sus entrañas al sonido de su voz. La calma y tranquilidad que su mente necesitaba por tanto tiempo. Sabía que por ahora era solo una ilusión. De alguna manera lograba sentir su presencia a su lado en sus momentos más oscuros. Ella se estaba preparando. Preparándose para manifestar su alma desde sus más profundos sueños y traerlo a la vida.

Algo que aprendí estando soltero fue: ¡Jamás mendigar el amor de nadie... JAMÁS! Demuestra tu alma y se honesto constantemente. Algunos de nosotros amamos intensamente, ten presente, que no todos saben cómo aceptar tal amor. En su vida habían sentido la profundidad que uno tiene. Todo vendrá a su tiempo. Ten fe y confía en la fuerza que es el amor.

Jamás entenderemos la razón que nuestras almas se cruzaron... pero mi amor, no te sentirás de nuevo abandonada, mi alma te protegerá eternamente - y mi espíritu, mi espíritu te elevará en tus momentos más débiles.

Permitamos que nuestros pasados descansen. Que las lecciones sean asimiladas.

Posibilitemos que nuestras almas sean quienes dirijan nuestra intuición hacia el camino a seguir.

Duele, lo sé.
El lamento y sufrimiento...
Las noches sin sueño contemplando en que fallaste.
Todas las noches te preguntas si alguna vez serás amada de nuevo.
Descansa tranquila con fe en que encontraras a esa alma...
ten fe en el amor.

Dos desconocidos extendiendo sus almas sacrificando sus corazones anhelando el tacto de esa poderosa potencia que es el AMOR.

Nuestras almas fueron predestinadas para unirse en esta vida mucho antes de que nuestros primeros latidos dieran vida a nuestros corazones.

No debemos dejar que el corazón juegue el juego de adivinanzas con las almas. Permite que la intuición fluya a través de ti. Si, es un sacrificio. ¿Pero en la vida, no es todo un sacrificio?

Enamorado, yo, sobrepasó expectativas. Vierto mi alma entera a una relación. Ni la muerte me puede detener. Porque aun al dejar este cuerpo... mi alma te encontrara.

Ella sentía cada emoción surgir despacio desde sus entrañas. Hizo todo lo posible en su capacidad para detenerlo, pero la fuerza magnética era más poderosa, y se originaba desde un nivel mayor a lo que la mente lograría comprender.

El escribió cada palabra que vino a su mente. Él tenía fe en el poder de las palabras. Sabía con todo su ser que la única manera de llegar al corazón de ella era destruirse desde dentro hacia afuera.

Es una pena que alguien no te tomo en cuenta. Por un alma hermosa como la tuya yo hubiese dado hasta lo inconcebible solo por ver el encantado futuro revelarse.

No seas como los demás. Se única. Sepárate del resto. La manera que ellos aman no es igualable por los demás. Se la persona que toca almas. Se la clase de persona que cuando habla enciende las vidas de los demás en un parpadeo. Exhibe ese fuego que lleva por dentro.

Reprograme mi alma para que
sólo reconociera amarte a ti.

Lagrimas solo son la manifestación de lecciones asimiladas. Ese es el precioso idioma del alma. Cuando tu alma habla todo tu ser lo entenderá. Cuando viene del alma... todo se rinde ante ello.

Solo quiero apreciar tu mirada, nadar a lo profundo del océano de tus pensamientos. Hundirme al fondo de tu alma jamás pidiendo surgir a respirar.

Tu alma me encontrara. Y cuando lo haga le hare el amor de una manera aun no imaginable.

En mi mente he viajado a una variedad de lugares en búsqueda de paz. Me adapte a diferentes maneras de ver las situaciones. En esta transición, mi alma está despierta más allá de los sentidos humanos.

Para verdaderamente encontrar amor, debes dejar atrás el pasado, es obligatorio. No hay manera de darle la vuelta. Cuando finalmente logres perdonar entonces encontraras que puedes amar de nuevo.

CONNECT WITH THE AUTHOR

Website: magesoul.com
Email: magesoul@outlook.com
Instagram: magesoul
Facebook: Magesoul
Twitter: magesoul1

Upcoming poetry books
Precious Pain (July 2018)
Cremating Past (November 2018)